मछन्दर गान

मछन्दर गान

विजय रंचन

वाणी प्रकाशन

वाणी प्रकाशन

4695, 21-ए, दरियागंज, नयी दिल्ली 110 002

शाखा

अशोक राजपथ, पटना 800 004

फ़ोन: +91 11 23273167 फ़ैक्स: +91 11 23275710

www.vaniprakashan.in
vaniprakashan@gmail.com

MACHHANDAR GAAN
by Vijay Ranchan

ISBN : 978-93-5072-405-7
Poetry

प्रथम संस्करण

मूल्य : ₹ 200

न्यू कृष्णा ऑफ़सेट, दिल्ली-110093 में मुद्रित

वाणी प्रकाशन का लोगो मक़बूल फ़िदा हुसेन की कूची से

अनुक्रम

अयोध्या

जिस्म जातरा

धम्मपद

नासदीय-जातरा

सन्दर्भ-एषणा

मछन्दर
गान

आमुख

विजय रंचन के कविता संग्रह 'मछन्दर गान' की कविताओं से गुज़रते हुए हमें हार्दिक सन्तोष है कि समकालीन कविता के सुदीर्घ समय में कोई तो है जिसने रचनात्मक धरातल पर सर्वथा विलक्षण प्रयोगधर्मिता का परिचय दिया है। इनमें कुछ कविताओं का रचना-सन्दर्भ, ऐतिहासिक-पौराणिक, मिथकीय होते हुए भी वर्तमान युग की विसंगतियों, विडम्बनाओं, यातनाओं-षड्यन्त्रों और कूट नीतियों की यथार्थ वीभत्स पक्षधरता की प्रतीति सहज ही होती है। पाठकीय संवेदना और समय में उद्वेलन-अन्तर्द्वन्द्व होना स्वाभाविक है। इस संग्रह का शीर्षक और कविताओं के शीर्षक हमें सोचने पर विवश करते हैं। कवि ने कविताओं को 'जातरा' कहा है। जातरा उत्सव भी है, धार्मिक यात्रा भी है और जन साधारण का लोक नाट्य भी है। ये यात्राएँ अन्तर्मन की यात्राएँ हैं जिसे कवि एक उत्सव 'मानता' है।

आकाश से समुद्र तक
पुण्य की पींग बनाती हुई
पुण्य के हर स्नान की
अनिवार्यता है मृत्यु

हर डुबकी में हैं
राम नाम सत *(जिस्म जातरा-2)*

यह कविताएँ इस कवि की सूक्ष्म, पैनी दृष्टि, समझ, सोच के साथ ही संश्लिष्ट पारदर्शी भावनात्मक पक्षधरता का अद्‌भुत सामंजस्य हैं। इसका रचना-मुहावरा और भाषिक अन्दाज, अलंकार और भाषा के अन्तःसम्बन्धों को रेखांकित कराता प्रतीत होता है। यदि हम इन कविताओं की भाषा-संरचना को ही केन्द्र में लें तो लगता है यह शब्द-क्रीड़ा, शब्दों की जादूगरी और इसमें विश्व को अपनी बाँहों में समेटनेवाला खुलापन पंजाबी भाषी होने का परिचय पाठक को सहज ही करा देता है। विजय रंचन की कविताओं में बिम्बों की प्रधानता है, जिसका अपना आकाश है :

कौव्वा तो उड़ गया
ऐसे ही साँय साँय
नदी बन गयी समीर *(मनाली-2)*

व्यापक बिम्ब इतिहास, समझ, मिथकीय पात्र-संकेत रचना के मर्म और उसकी रचना यात्रा के विभिन्न पड़ावों की प्रस्तुति सहज ही हो जाती है। बिम्बों की वाणी संश्लिष्टता ऐसी है कि व्यक्तिगत प्रारब्ध सार्वजनिक-प्रारब्ध बन जाता है।

कितने जतन से
अपने आँगन के कोने में
मैंने अग्नि को प्रस्थापित किया था
....

और उसी अग्नि को तुमने
घर से निकाल

चौराहों पर
बाजारों में
उछाल दिया है
ऊँ इदम् आग्नेय स्वाहा॥ *(नीले पीले राम लाल)*

हम इस कवि की तीसरी आँख की दूरगामी संश्लिष्ट, सूक्ष्म, सांकेतिक, मिथकीय, त्वरित आवेग युगा अभिव्यक्ति को सही दिशा में पकड़ पाने में स्वयं को असमर्थ अनुभव करते हैं। हमारी स्पष्ट धारणा है कि कवि रंचन की कविताओं को पहले पाठ में समझ पाना सहज न हो तभी इन कविताओं की सही समझ परख मूल्यांकन में जहाँ अनेक पाठ की अनिवार्यता स्वीकारते हैं, वहाँ इसकी शब्दावली, शब्द-प्रयोग कोशीय अर्थ की अपेक्षा अभिप्रेत अर्थ की समझ होना आवश्यक है। समकालीन कविताओं की भाँति ये सपाट यथार्थ धरातल की कदापि नहीं हैं। इनका रचना-फलक विस्तृत-विशाल एवं व्यापक है—भाषिक तरंगें और भीतरी अन्विति इन रचनाओं को इक्कीसवीं सदी के मनुष्य की वास्तविक तस्वीर, उसके भीतर और बाहर के अनेक चेहरों को रेखांकित कराती है। स्मरण रहे कि कवि का लक्ष्य भारतीय अस्मिता, मर्यादा का किसी भी आधार पर अवमूल्यन करना नहीं है, ना ही राम और सीता के प्रति कोई उपहास। कवि अपने समय को साक्षी मान अपने भीतर उठने वाले वलवलों-अन्तर्द्वन्द्व, अन्तःसंघर्ष की स्थिति में कहीं एक लय और कहीं संवाद रचता है—आज के आपाधापी युग में उपभोक्तावादी, भूमंडलीकरण, बाजारवाद—धनार्जन की होड़ में स्वयं को कितना अकेला, सन्तप्त, अपमानित, तिरस्कृत, महसूस करता है। फिर स्त्री सशक्तीकरण और स्वावलम्बन के दौर में यदि सीता राम की तथाकथित मर्यादा को चुनौती देती हैं कि अपने ही पुत्र रत्नों से

पराजित अपमानित राम, 'राम' नहीं हैं वहाँ वह कहती हैं :

तुम सूर्य के वंशज बने रहो
मुझे धरती-पुत्री रहने दो
तुम आये हो
अपने ही पुत्रों से परास्त
अपने राज्य से थके हारे क्लान्त
मैं नहीं देख सकती
तुम्हारा प्रखर देदीप्यमान चेहरा
अपराध भाव की थकान
तुम सूर्यवंशी बने रहो
मैं तो माटी थी
और माटी बन रहूँगी।
हम मिलेंगे
जब तुम धनुष बाण त्याग
मेरे पास आओगे बाँसुरी लेकर
हम मिलेंगे जब अनंग को मिलेगा देह
और उषा को लालिमा
मैं आऊँगी तुम्हारे पास
अपने जूड़े में पारिजात की वेणी सजा

(वैदेही की देह यात्रा)

भगवान श्री राम के नाम पर धर्मस्थलों को किस प्रकार कूट राजनीति का युद्ध स्थल बना दिया है, कवि की कुछ कविताएँ हमें धिक्कारती हैं कि 'राम नाम सच' कहने वालों पहले इन्सान तो बनो। सही अर्थों में कवि यथार्थ के नाम पर घिनौनी हरकतों का पर्दाफाश करता है।

कविताएँ मानवीय सरोकार और अनंग की व्यापकता को अंगीकृत किये हैं। अनंग (काम) की मानवीय जीवन में सहज स्वीकृति कवि की सहजता की प्रतीति सहज ही करा देती है :

फासले मन के हैं
जिस्म को बहने दो
मौन से भीग जाओगे
बादल को तो बरसना है
जिस्म का कहा मानो
स्वयं सैलाब बन बह जाओगे
ठगे रह जाओगे॥ *(जिस्म जातरा-2)*

इस संग्रह की प्रायः सभी कविताएँ कवि की संकल्पधर्मिता, पक्षधरता और सही सोच की परिचायक हैं। इसे इस बात की चिन्ता बिल्कुल नहीं है कि ये कविताएँ तथाकथित अपेक्षित मर्यादाओं, धारणाओं तथा मान्यताओं का सम्यक निर्वाह करें—ये हमारी दृष्टि में कवि की भीतरी कशमकश-अन्तर्द्वन्द्व और इतिहास के पुनःसृजन की प्रतीति एक साथ करा देती हैं। इस संग्रह की 'वैदेही की देह यात्रा', 'नीले पीले राम लाल', 'धम्मपद' तथा 'जाग मछन्दर गोरख आया' सरीखी कविताएँ सहज होते हुए बहुत बड़े लक्ष्य सन्धान के प्रति उन्मुख हैं। परम्परा से विपरीत देखिए गोरख के स्थान पर मछन्दर गोरख को शिक्षा देता है :

गोरख तुम परलोक की बातें करो
मैं तो यूँ ही पड़ा रहूँगा
अपने बीच
अपनों के बीच
हाँ तुम सोना चाहो तो

बगल में एक चटाई और बिछवा दूँगा
और फिर हम तुम
'मकार' नहीं 'साकार' की बातें करेंगे

(जाग मछन्दर गोरख आया)

कवि कहीं-कहीं अति सूक्ष्म रोमानी हो जाता है :

चाँद छुपा चोर की तरह
मेरे जिस्म में सेंध लगाता था
मैंने तुम्हें दुलार में मरोड़ा है
हड्डियों में खनक जलतरंग की तरह
वही राम *(अयोध्या-1)*

इक्ष्वाकु के वंशज
तुम्हारे वंश ने तो दी थी
'काम' को 'कमान'
मधु की प्रत्यंचा पर चढ़ाये थे
पाँच बाण—कमल, नीलोत्पल, आम्र, अशोक और चम्पा
तुम्हारे बाण से तो मारीच दूसरे द्वीप पहुँच गया था
काश
इनके एक बाण से
बस हर लेते
मेरे प्राण *(वैदेही की देह यात्रा)*

आधुनिक नगरबोध की देह यात्रा देखिए :

'वह शहर जो कभी नहीं सोता हमारे दरम्यान आ गया'

(जिस्म जातरा नगर)

अतः कहा जा सकता है कि विजय रंचन का यह कविता संग्रह काव्य जगत् में अपनी पृथक पहचान कराने में पूर्ण सक्षम है। ये कविताएँ सामान्य बिल्कुल नहीं हैं, इसमें कवि ने गहरी सोच समझ के साथ ही एक पारदर्शी सूक्ष्म टीस-कसक को आत्मसात् किया है। कवि परदर्द को संवेदनात्मक धरातल प्रदान करता है। त्वरित आवेग में ये रचनाएँ पूर्ण होने की अपेक्षा एक प्रक्रिया में हैं। कविता को किसी एक सीमा में लक्ष्य में आबद्ध नहीं किया जा सकता। सार्थक प्रस्तुति पर हम कवि को हार्दिक बधाइयाँ देते हैं।

डॉ. हुकुमचन्द राजपाल

पूर्व प्रोफ़ेसर, अध्यक्ष, हिन्दी विभाग
पंजाबी विश्वविद्यालय, पटियाला

अयोध्या

इस गली में हम हो गये हैं
आमने सामने
गली बन गयी थी
आग का दरिया
आओ इकट्ठे डूबें
तू इस पार
मैं उस पार

वैदेही की देह यात्रा

अपने राम सुनो
होने दो आप बीती
राम संग सीता रीती
अपने राम सुनो...

तुम्हारे शहर में
तुम्हारे ही वंशज
सूखे तम्बूरों को परवान चढ़ा
तुम्हारे तरकशों से निकले बाणों
के अचूक निशानों की
कहानियाँ सुना रहे हैं
चक्रवर्ती त्रिलोकेन्द्र
भण्डारपति के शहर में
तुम्हारे वंशज
सामान्य गृहपति से

अपने कमण्डलों में जुटा रहे हैं धान
अपने राम
बढ़ा रहे हैं तुम्हारे गुणगान की दुकान
तुम्हारी करनी
हमारी भरनी
कैसी बात विपरीती
राम संग सीता रीती।

कित्ती जीवन्त है अबोध सती
हिमालय में उछलते-कूदते मेमनों की तरह
देवारुओं की सघन गन्ध फैलाती
विचरती जीवन्त सती
नरगिस के फूलों की पाखुरियों
के अन्दर के नयन में
पराग ढूँढ़ती हुई
चंचल चपल मासूम सती
आँखों में नरगिस के फूल धरे
धर बैठी थी
उत्सुकतावश
मेरा स्वाँग
अडिग ठहरी-सी जैसे धरती
चंचल चपल मासूम सती
राम संग सीता रीती।

बहुत कठिन था स्वाँग[1]
मिट्टी बन गया था संगऽउपांग
मुझे मिट्टी का ढेला बना
बैठ गये थे
धूनी रमाये
अक्षय वट नीचे
कच्चे धागों में लिपटे
मुझे मिट्टी का ढेला बना
माँओं को बच्चों का वरदान देते
शिव
उलझे रहे मकड़ी से
वट की परिक्रमा लेते
कच्चे धागों में
कल्पान्त
ढेला से
बड़ के थड़ से।
उस दिन से
उस वटवृक्ष की ठूँठ

---

1. श्रीराम का परीक्षण करने सती जब सीता का रूप धारण कर उनके सम्मुख पहुँचीं तो श्रीराम ने उन्हें माता कहकर प्रणाम किया। तत्पश्चात् सती जब शिव के पास लौटीं तो उन्होंने कहा कि राम ने तुम्हें माता कहा, लिहाजा अब तुम मेरी भी माता हुईं। (सियादिष सती जो किन्हीं तेही अपराध शंकर परिहरी—**तुलसीदास**)

आज भी कोहबर[1] में
तविष्ठ[2] की धड़ बन
मेरे सुहाग के बिस्तर पर
बीचोबीच हो गयी है स्थित
हिमालय में पड़े शिला से ठंडे
मदन मन्दिर/मदन ध्वज[3] की तरह
सारी सृष्टि को अंग भभूत
लगाने वाले शिव
तुम्हारा यह कैसा था तर्पण
कि तुमने मेरे मृत शरीर को
बनने न दिया राख
ताकि
तुम मेरी
जल भर भई भस्म की ढेरी
के अंग-भभूत के आग्रह
से भी रह सको मुक्त
और उस दिन से मैं त्यक्त
अपने जिस्म के इक्यावन टुकड़ों[4]
को समेटती रही

---

1. विवाह प्रसंग पर उकेरे गये वैवाहिक पारम्परिक चित्र। विशेषकर मधुबनी के चित्र।
2. एक पवित्र वृक्ष का लॉग (लकड़ी) जो सुहागरात को बिस्तर पर रख दी जाती है।
3. योनि/लिंग।
4. शक्ति पीठ, जहाँ-जहाँ सती के अंग गिरे थे।

सीता का वैदेही के स्वाँग अपनाने
में शिव तुमने
मदन को नहीं किया
अनंग
मुझसे भी छीन लिया था
मेरा मांसल जिस्म
जिसमें तुम्हारे लिए
धमनियों में बहता था
दुलार, प्यार, मनुहार
पहाड़ी झरनों-सा
जो मासूम मेमने और छौनों की तरह
वादियों में खेलते थे
अनंग संग
मेरा जिस्म भी हो गया था भंग
उनमें रचा दुलार और प्यार
हो गया था शान्त लुप्त
मर्यादाओं के मरुस्थल में
जहाँ
उफ् करने पर भी मनाही थी
टूटी-बिखरी जिस्म ढूँढ़ती
राम संग सीता रीती।

और चौदह बरस यह मरुस्थल मेरी
छातियों के बादल सोखते रहे

बस रह गयी मैं सूखी बंजर धरती
राम संगी सीता रीती।

जंगलों में विचरती
अकेली
मैं तो फूल पत्तों में, कोमल टहनियों
तुम्हें ढूँढ़ती रही—राम
तुम तो वृक्ष के थड़ से
खड़े रहे सन्न
बेमन।
वह मारीच मृग का
छलावा तो मैं ही थी
शरीर की
अस्तित्व की माया तो
मैं ही थी
मिट्टी की जाया तो
मैं ही थी
तुम तो
वनवास में आने से
पहले ही
मर्यादाओं की मृग-
मरीचिका में धँस
गये थे
और मैं सोने की

हरिणी
बाण का अनुसन्धान
करती पुकारती रही
हे राम—हे राम
करती रही तुम्हारे मरुस्थलों
के अन्दर
बादल के
बरसने सौभाग्य की
नहीं दमकी कोई
सौदामणि
राम संग सीता रीती।

कितने आये फागुन मास
टेसुओं के फूलों के बिलखते लाल
ऋषि-पत्नियों
के वक्षों में कितनी बार
गूँथी थी मधुमालती
चम्पा की वेणियाँ
कितनी बार बनायी थी करधनी
महुवा के फूलों की
आम के बौरों के बाजूबन्द
बाँस के बीज की नथनी
और अनगिनत फूलों की हँसुलि और
गूलर के कर्ण फूल, मालाएँ

आम के वृक्षों पर चौदह बार पड़े थे
झूले
चातक पक्षी ने गाये थे उत्कण्ठा के
राग
सावन की फुहार को नयनों के
भौंहों से टपकने दिया था
होठों तक
जिह्वा तक फिसलने के लिए
और भादों में तो
मैं भीग ही गयी थी कड़कती हड्डियों तक
मार्गशीर्ष[1] तो तुम ही थे राम

इंगुदी तेल में जौ पीसकर
कितने उबटन लगाये थे मैंने
और तिल के पत्तों से केश साफ
कर, वृक्षों के छाल से
होठों पर लाली जमा
कितनी बार मैंने मार्गशीर्ष को उत्सव
बनाने की चेष्टा की
विफल
नदी किनारे बैठ
मेहँदी रँगी हथेलियों से रेत इकट्ठा करते हुए

---

1. गीता के विभूति अध्याय में कृष्ण स्वयं को महीनों में मार्गशीर्ष बतलाते हैं।

पौष मास में
स्वयं में जुड़े-जुड़े
एक सूखी कुशा को
बिस्तर के बीच रख
बिता दिये थे
चौदह बरस
और वहीं बीचोबीच रखा कुशा
रहा मेरा शस्त्र
अशोक वाटिका में
सन्तप्त
काम बिन ऋतु-पर्यन्त।

संकल्पों के बलिहारी
जगा ना पाये किष्किन्धा के जंगल भी
तुममें इच्छा की चिंगारी
अकाल बुझाती रही
जिसे, सोखती रही
तुम्हारे मर्यादाओं के वचनों की रेती
राम संग सीता रीती।

सूर्यवंशी तुम
पहचान न पाये
धरती की रंग-बिरंगी ऋतुएँ
परन्तु

मैं तो पितृगृह में शिव धनुष से खेली थी
योगी-परित्राण की मुहिम में
चौदह बरस दे सकते थे तुम मुझे भी
बाण
मैं भी कर सकती थी अचूक सन्धान
पर तुमने तो मुझे
छुटभैयों की आज्ञाओं की
सीमाओं में बाँध दिया था
धरती की
ऋतुओं की
सीमाएँ बनी रही मैं
सुनो
सूर्यकुलेन्दु
छुटभैयों के बाणों की नोकों से सीमाएँ नहीं बनतीं।
राम संग सीता रीती।

इक्ष्वाकु के वंशज
तुम्हारे वंश ने तो दी थी
'काम' को 'कमान'
मधु की प्रत्यंचा पर चढ़ाये थे
पाँच बाण—कमल, नीलोत्पल, आम्र, अशोक और चम्पा
तुम्हारे बाण से तो मारीच दूसरे द्वीप पहुँच गया था
काश!
इनके एक बाण से

बस हर लेते
मेरे प्राण

अजः के वंशज राम
कामदेव को अनंग बना
तुम तो अजन्मे ही रहे
वृन्दा के शाप निरर्थक हुए
तुमने नहीं सही योनि से जन्मने
की पीड़ा
जन्म की
जन्मने की
जीवन की प्यास की
प्रचण्ड विह्वलता
वह चन्द्रमासी प्यार जो
मेरे शरीर में झरता है
पीड़ा, ईर्ष्या के सूर्य के घोड़े
जो नथुने में झंझावात भरे लोहे-सी
मांस-पेशियों से
दौड़ते
प्रतिस्पर्धियों को पीछे छोड़ते
मुड़ते नहीं पीछे
मदमाते लोभ के वायु के शीतल
झोंके
और अन्तरिक्ष में तिरता

सम्बन्धों की
मिट्टी ऊष्मा-पूर्ण
सोंधापन के मनुहार
अजः के वंशज राम
तुमने तो मुझे भी अयोनिज
घोषित कर दिया है
हे भगवान
तुमने तो मुझसे मेरी मिट्टी नहीं
छीन लिया था मेरा
नितान्त मेरा
अपना अस्तित्व।
अब ना पाऊँगी मैं भव की गति
राम बिन सीता रीती।

सूर्यवंशी तुम
पहचान न पाये
धरती की रंग-बिरंगी ऋतुएँ
सैकड़ों बार
मैं भी ऋतुओं से हरी थी
(भरी?) थी
घटकों से घटों में ईक्ष के रस
मैं चमेली के फूल ढाल
मिट्टी में दबा मैंने तुम्हारे
लिए पेय बनाये
पर तुम तो हे भगवान

सिर्फ देवों की
सोम की आहुति
स्वीकारते रहे
अपनी-अपनी सम्पूर्ण आहुति
सीता तुम्हारे पास
अपनी ही आग में स्वाहा होती हुई
तुम्हें तो एक ही अग्निपरीक्षा याद है
कितना अच्छा लगा था जब
पहली बार तुम्हें
सूर्पनखा से चुहल करते देखा था
लगा आज वृन्दा का शाप
काम कर ना पाएगा
साँप का जहर चढ़ ना जाएगा
पर नहीं
तुम तो रहे
निष्प्राण, पाषाण सालिगराम
रही अन्दर ही अन्दर झरती
राम बिन सीता रीती।
अपने राम
तुम्हारी मर्यादाओं के परमवीर चक्र
तुम्हें मुबारक
तुम्हारे साथ सिंहासन पर बैठे
एक खोखली स्मित रखे
बार-बार फोटो खिंचवाना
तुम्हारे बेमाने स्वस्तुति पत्र

सुनना
मुझे और भी खाली कर जाता है
अन्दर ही अन्दर
उस तविष्ठ के धड़-सा
जो चौदह बरस मेरे
शयनकक्ष में पड़ा रहा रिक्त ठूँठ-सा।

मैं तो थी एक त्यक्ता कन्या
कितने दुलार से मिथिला-नरेश ने
मुझे
राजगृह दिया
और तुमने
राम ने
कितने अधिकार से
राजगृह से पुनः धरती पर
लावारिस छोड़ दिया
अपने राम तुम्हारा अति अति आभार
मैं जानती थी
कि सूर्य के वंशज राम
के राजगृह की किसी भी
दीवार पर मेरी,
तुम्हारी
मेरे बच्चों के साथ फोटो नहीं होगी
एक ही चित्र

जिसमें छुटभैयों के साथ
तुम और मैं
चरणों में दास बैठाये
जगत् को आशीर्वाद देते हैं
और पर मैं चाहती थी
कि मैं
आशीर्वाद नहीं
थोड़ा-सा
सिर्फ थोड़ा-सा
दूँ प्यार
अपने परिवार को।

उन दिनों
मोरी-नरेश लंका की होली
का विजयोत्सव का
हुड़दंग मनाया
वानर, नल-नील
के संग।
मैंने अपने चेहरे के
आगे से
कुशा का कवच हटा
लिया था
और बरसों युगों से
गीली मिट्टी में दबी

मोरेय मदिरा के
उत्तेजन से
और आलस्य
में झूमती रही
(मानो तुम्हारी बाँहें हों)

तुम तो नल-नील के
नायक बने रहे
और
त्रिकाल ज्ञानी तुम
पहले से ही धोबी के
उलाहने के बोझ से दब गये थे
उलाहनों से अर्जित
राजमहलों के गौरव की
अग्नि से नहीं
मैं तो भस्म हो चुकी तुम्हारे
मन के बोझ से
तुम्हारे सर्व ज्ञान से
मैं तो पहले ही सती के
साथ कर चुकी थी
अग्नि प्रस्थान
दोबारा
फिर मैंने त्यागे थे प्राण
नहीं मिली मुझे मृत्यु के

आवागमन से मुक्ति
राम संग सीता रीती।

तुम्हारा आभार
तुम्हारी लीला स्वाँग और
छलावे के संसार
से
सूर्य में चमकते माया की काँच की टूटी
किरचियों से
मर्यादा के कंचन पिंजरों में से
हो गयी हूँ मुक्त
और निरान्त
आस्था से
बड़ा करूँगी अपने
धरती पुत्रों को
जो तुम्हारे ही शहर में
तुम्हारी ही कथा तुम्हें
सुनाएँगे और
तुम्हारे अश्वमेध के
घोड़ों की लगाम ले लेंगे अपने हाथ
तुम्हारी अक्षौहिणी सेनाओं को परास्त
करते हुए।

तुम सूर्य के वंशज बने रहो

मुझे धरती-पुत्री रहने दो
तुम आये हो
अपने ही पुत्रों से परास्त
अपने राज्य से थके हारे क्लान्त
मैं नहीं देख सकती
तुम्हारा प्रखर देदीप्यमान चेहरा
अपराध भाव की थकान
से भरा

तुम सूर्यवंशी बने रहो
मैं तो माटी थी
और माटी बन रहूँगी
हम मिलेंगे
जब तुम धनुष बाण त्याग
मेरे पास आओगे बाँसुरी लेकर
हम मिलेंगे जब अनंग को मिलेगा देह
और उषा को लालिमा
मैं आऊँगी तुम्हारे पास
अपने जूड़े में पारिजात की वेणी सजा
तुम्हारी 'स्त्री मित्र' से
चुहल करती निन्दा रस घोलती हुई
तुम्हारे सिंहासन संग बैठ
और तुम्हारे साथ आऊँगी
परम ब्रह्मचारी नारद का अभिमान

भंग करने
जरूरत पड़े तो 'कार' की
स्टीयरिंग व्हील थामने
जरासन्ध से लड़ने
चाहे मुझे पीठ ही न दिखानी पड़े
सूर्यवंशी
तब हम धरती पर रहेंगे
और मिट्टी बनने से नहीं डरेंगे
ऐसी होगी तब प्रतीति
राम संग सीता रीती।

अयोध्या-1

जब मेरे पैरों तले जमीन ढह रही थी
मैंने तुम्हें पुकारा था हे राम
जब जिस्म मिट्टी में लौट रहे थे
मैंने तेरी जय-जयकार की थी
तेरे नाम की दबी सीत्कारों में
जब कभी छितराये बादलों में
चाँद छुपा चोर की तरह
मेरे जिस्म में सेंध लगाता था
मैंने तुम्हें दुलार में मरोड़ा है
हड्डियों में खनक जलतरंग की तरह
वही राम
जिसे मैंने आकाश की तरह जब कभी
पशमीने की तरह ओढ़ा है
गली में सर्दी की शामों में
निन्दा करते बतियाते हुए

वही राम
कहीं दस बाई दस के
कठघरे में कैनवस की छतरी
ओढ़े
लावारिस-सा पड़ा है

अयोध्या-2

राम
तुम्हारी छाया में
मैं स्वयं बरगद की तरह
पनपा था
जहाँ झुंड के झुंड पक्षी
मेरे तनों को चोंचों से खरोंचते
अंडों को सहेज
जहाँ बच्चों की किलकारियों से भरते
मेरी बूढ़ी दाढ़ी से बच्चे
झूलते
तुम्हारे परिप्रेक्ष्य
मैंने आकाश ओढ़ लिया था
और शायद
ज्यादा झुक गया था
दूर समुद्र में डूबते
क्षितिजों की तरह

तुम मेरे आधार थे
धर्म थे
जिसे आकाश ढाँकता था
मर्यादा क्षितिज देती थी
मुझे पता नहीं था
कि तुम्हारी छाया
मुझे निरपेक्ष रहने से रोकती है
और गुनाहों के औज़ारों से
बरगद की
ज़मीन कुरेदती है
इन नंगी जड़ों को कोई आकाश
पानी नहीं देगा
और न कोई धर्म माटी

अयोध्या-3

सुनो
राम
सुनो
तुम्हारी कथा जो
तुम्हारे लावारिस अबोध
जुड़वाँ पुत्र अयोध्या की गलियों में
चौराहे पर सुनाते हैं
भीड़ों को रिझाते हैं
जिसे तुम सुन नहीं पाते राजमहल के कोलाहल
षड्यन्त्रों की मिजराबों में घूमते
वही कथा तुम्हारे वंशज तुम्हें सुनाने आये हैं
वही कथा जिसे सुनकर मेरे अन्दर का
कोलाहल शान्त होता था
और मेरे अन्दर की गुम्बदों में
नाद बन झूलता था
वही कथा तुम्हारे वंशज

जिसके लिए एक बूढ़े नपुंसक राजा
ने एक के बाद एक
तुम्हें पाने के लिए
अयोध्या में तीन रानियाँ बसायीं
इस कोलाहल में
चौराहे पर मँडरातीं
राम
अयोध्या छोड़ो
राजगृह के इन षड्यन्त्रों को
कुटिलता के इन सौतेले वचनों को
माथे ओढ़ो
कुब्जाओं पर
बौनों को
दे दो करुणा की सरयू
छोड़ो
ओढ़ो
नल-नील वानर की सहजता
चित्रकूट के वल्कल
छोड़ो
अयोध्या राम
जो सीता को अंगारों पर बिछवाए
धोबी के उलाहने से निन्दवाए
तुम्हारी अपने बच्चों से
लड़वाए

उस अयोध्या की गली की
किसी नुक्कड़ में तुम
जड़े हो
मेरे सीने पर हथौड़े से बड़े
कील से जड़े हो
राम अयोध्या छोड़ो
आखिर मुझे सुरक्षित करो

अयोध्या-4

राम मैंने तो
तुम्हारे नीलवर्ण को
निरभ्र आकाश ही समझा
जहाँ नक्षत्र भूले-भटके टूटते हुए क्षितिजों की गहराइयाँ माप लेते हैं
तुम्हारा कम्बल ओढ़े
कमण्डल लिये कई बार मैंने
हिमखण्डों से तीनों समुद्रों की
त्रिवेणी तक यात्राओं की
धूनी हवा में मिलने दी है
तुम वही राम हो ना
आज कैसे
अयोध्या के बन गये हो
बाँके
कि मैं भी पान चबाए
माथे पर केसरी पट्टी बाँधे
तुमसे नुक्कड़ के
अखाड़े में भिड़ने की बात करता हूँ

अयोध्या-5

राम
हे राम
मिलके बोलो राम
प्रेम से बोलो राम
बोलो बोलो
राम राम
इतना बोलो राम
कि सब
मर्यादाएँ टूट जाएँ
किसी भी खँडहर की दीवार की तरह
सोये बिना
अकेले धूप में
तपते रहें

नीले पीले राम लाल

सत्य ही राम है
राम नाम सत् है

मेरे आका
तुम्हारे चेहरे की लाली के लिए
मैं समस्त उपवन से नोच लाया था गुलाब
और
चढ़ते सूर्य को नतमस्तक हो
डूबते सूरज से छीन लाया था
समस्त लालिमा
अपनी मद्धम पड़ती धमनियों के रक्त से
तुम्हारे चेहरे की लाली के लिए
तुम्हारे चेहरे की लाली से
जो भी बच निकला है
हमारी धमनियों का
वह रक्त

चौराहों पर
सड़कों पर
सींच रहा है
नाग फणियाँ
मेरे जिस्म को छोलती हुई
कोलतार पर
जमे काले पड़ते रक्त के
परपोटों को
नाखून से छोल छोल
लिखता हूँ राम-नाम
(सत्य है राम नाम)
राम नाम सत् है
नीले नाखूनों से
लाल लाल राम

राम तुम तो नीले थे
कितने मल्हार लुटाये थे तुम पर
कितने बादलों के काजल लगाये थे
तुम्हें पाने को
तुम्हें अन्दर सिंहासन पर बैठा
मैंने क्षितिजों में पींग लगायी थी
शर्म से लाल होते
मैंने तुम्हारे नाम से
कानों को छुआ था

और अन्दर के बादल से
सर्वथा थे तुम
सम्पूर्ण नीले—तुम राम
सम्पूर्ण नीले—तुम राम
समुद्र के कल्पों में मथते पानी से
धीर-गम्भीर
कोलतार पर,
कूचों चौराहों पर
लाल लाल
खड्ग त्रिशूल लिये
मुँह से रक्त की फेन उगलते
नासापुटों से आग झरते
राम—तुम नहीं हो
राम नाम सत् है
लाल राम—तुम नहीं हो।

कितने जतन से
अपने आँगन के कोने में
मैंने अग्नि को प्रस्थापित किया था
धान कुमकुम रोली
सजी अल्पना से
अग्नि की प्रज्वलता से
धू धू हू हू
आकाश छूने की लालसा में

मैं पितरों से कुलदेवों से
आदि मानव से जुड़ गया था
अनायास
जुड़ गया था सबसे
और उसी अग्नि को तुमने
घर से निकाल
चौराहों पर
बाजारों में
उछाल दिया है
ऊँ इदम् आग्नेय स्वाहा
और छीन ली हैं
मेरे चूल्हे की लकड़ियाँ
अपने मनुष्य मेध यज्ञ के लिए
ऊँ इदम् आग्नेय स्वाहा।

भूत जिन्न पिशाच कर रहे
तुम्हारी परिक्रमा
और मैं नितान्त अकेला हो गया हूँ
अपने नाखूनों के मांस को
चबाता हुआ
मांस के परपोटों को
कोलतार में
छोलता हुआ।
राम नाम सत् है।

कितने नीले हो तुम करुणामय
हमारा ज़हर चूस चूस
तुम तो नीले हो करुणामय
हम-अपने पापों से त्रस्त
कितने ही लाल कनेर से
ढँका है हमने तुम्हारा नीलापन
जवाँ कुसुमों से शृंगारा है तुम्हें
कुमकुम रोली उँडेल दी थी तुम पर
अपनी शर्म का घंटनाद करते हुए
और अपने आपको
ढाँक लिया था—
लाल चुनरी के साफों में
हाथों में लिये वज्र
डरते थे तुम्हारे नीलेपन से
डरते थे तुम्हारे सामने
नंगा होने में
नहीं उतार सका दुर्योधन
शर्म के कपड़े
दुर्योधन तो सदैव हारेगा
दर्पणों में माथे फोड़ता हुआ
अक्षौहिणियों को मृत्यु देकर
सैकड़ों का वध कर
टूटी जाँघों को चबवाता हुआ भीम से
प्रभो मुझे शक्ति दो

अपने शर्म के कपड़े उतार
तुम्हारे सामने नंगा बऩा रहूँ
दर्पणों से दूर अपने में बना रहूँ
राम नाम सत् है
राम ही सत्य है
राम नाम सत् है।

जिस्म जातरा

जुड़ा जी जुड़ा जाता है
जातरा अयोध्या और राम तक की
जातरा का उल्लास और
मृत्यु का सत्य
"तुम्हारे उनींदी आँखों के गुलाब
और मैं बसन्त अनन्त"

जिस्म जातरा[1]–1

मुझे भय मुक्त कर दो
मुझे छू दो
मांसल सिहरन से आश्वस्त
रोम में उगते भीगेपन को
दे दो आकाश-गंगी झिलमिलाहट
मुझे छू दो
भय मुक्त कर दो

तुम्हारी यात्रा मुझे ले जाती है
मुझ से दूर
रथ के पहियों की खड़खड़ पत्थरों को
कुचलती लड़खड़ाती
अन्धड़ आवाज
भर देती डर

---

1. जातरा–मेला, नाट्य प्रवृत्ति और धर्म-परायण यात्रा।

जैसे अन्धड़ आवाज मरुस्थलों में अचानक
बालू पर डोलती काली छाया में बदल जाय
यह विजय-रथ की
छाया बनी आवाज मुझे
सोख जाएगी
अन्दर की अन्दर
मुझे भिगो दो
मेरी पहचान लौटा दो
मुझे छू दो
भय मुक्त कर दो

तुम्हारी खोज
मेरे सन्दर्भ को कर देती है
भयग्रस्त सन्तप्त
घाटियों में अचानक चमकी और
लुप्त होती
प्रेत रोशनी
बरगद की टहनियों से लटके
दाँत किचकिचाते किटकिटाते
शास्त्रार्थ करते बैताल
मुझे छू दो
ओस बूँदों से चमके बरगद के पत्तों की
नाड़ियाँ अपने में उतार लूँ
मुझे संशय मुक्त कर दो

मुझे छू दो
भय मुक्त कर दो

तुम्हारे विश्वास मुझे करते हैं
विभक्त
छिनते आकाश में
लगा लगा पैबन्द
थक गया हूँ
भग्नाश के किनारे का भय
कर देता है
सरस्वती-लुप्त
रेत को गीला कर दो
मुझे जोड़ दो
मुझे छू दो
भय मुक्त कर दो।

अयोध्या-धाम

राम नाम नित है
जिस्म धाम सत् है
जिस्म धाम नित है
राम नाम सत् है
जिस्म धाम नित है।

जिस्म है सम्मोहन
मन्त्र
आकाश का नीलापन
लिये
गहराते पानियों पर
बहते वृक्षों के तने
छैनी के डंखों के आतुर
जिस्म है मन्त्र
सुमद्र की काली गहराइयों को
चुनौती देता

सदियों को समेटता अपने-मने
अनमने बहता
गठा
ठना
काष्ठ
'जगन्नाथ' तुम अनगढ़े ही रह जाओ[1]
मनका तराशना हिमाकत है
जिस्म धाम नित है
राम नाम अमित है।

देवदारुओं के पत्ते की नोकों ने
बर्फ के फाहे लपक लिये हैं
हिम खण्डों को पिघला रहा जिस्म
सपाट मैदानों में
गम्भीर बहती है
धीर-गम्भीर मन्दाकिनी, अलकनन्दा गंगा[2]
देवरारुओं के तने छू छू
जीने की मांसलता का आश्वासन
हवा हुआ जाता है
भीड़ के उस रेले में
व्यास का शिद्दत का शोर
परिचितों की मुस्कानों

---

1. पुरी; 2. जोशी मठ।

की अजनबियत की गुफा में
ठहर जाता है
और कोई ज्ञात-अज्ञात कुंड के पानी की भरती धारें
देवदारुओं के
पत्तों की सुइयों की तरह
जख्म किये बगैर
झूलती रहती है
आकाश से झूलती है
बर्फ-नीली
पास बैठे
आकाश के घूँट घूँट भरते
उतर आती थी बर्फ-भरती चाँदनी-सी
फूटती थी दूधिया व्यास
पेड़ों, पत्थरों, मिट्टी,
सभी को समेटते हुए
देवदारुओं के पत्तों को
बर्फ को फाहों में सँजोये
रिसती हुई बर्फ अब भी
भीड़ के पैरों तले और कहीं
धूप में खिलती
हरा जहरम्होरा रंग लिये
पहचान की याद
आश्वासन थपथपाती
सरकते हिमखण्ड की नदी
देवदारु को परे

बहुत परे
छोड़ देती है
चन्दन द्वारों में
बन्द कर दिया जाता है
प्राणहीन मन जीवन पर्यन्त डुगडुगी बजाता
अपने को नचाता है
एक कुहरीली आशा में
कोई सलोना राजकुमार
नागकन्याओं की नाव बनाते हुए
द्वीप तक पहुँचाएगा[1]
नाग मणियों की चमक से
कुहरा हटाएगा
अपनी बंसी की तान से
चन्दन द्वारों को
पाषाण दीवालों को
पिछलाएगा
पसीज देगा मुझे
और पिंजरे में बन्द
पिंजर
को फूँक देगा।

---

1. द्वारका।

जिस्म जातरा-2

आग का धर्म है आत्मसात् कर ले।
जिस्म का कहा मानो
ठगे रह जाओगे
यह मन्त्र सर पर चढ़ बोलेगा
खड़े रह जाओगे
स्तम्भित
कण कण
हाथ से फिसलता है
बाहर अन्दर
भरे भरे रह पाओगे
जिस्म का कहा मानो
फासले मन के हैं
जिस्म को बहने दो
मौन से भीग जाओगे
बादल को तो बरसना है
जिस्म का कहा मानो

स्वयं सैलाब बन बह जाओगे
ठगे रह जाओगे।

आग का धर्म है
आत्मसात् कर ले
सिकुड़े सिकुड़े
अपने को बचाते
जिस्म से कतराते
करते हैं आत्मघात
आग का धर्म है—आत्मसात्

रोम रोम
मेग्नातीस की चुभन
आत्मसात् से डर
जिस्मों का पसीजना
मन के कोहरों को दे दिया है
शीतल हिमाच्छादित शिखरों
की पिछवाई पर यों ही
लटका दिया
अर्द्ध चन्द्राकार चाँद
आग से बहुत डर लगता है
मानो
आत्मसात् है आत्मघात
जिस्म को फिर

डर
सुनहरे काँच की चूड़ियों से कच्चे
पिंजरे में बँध कर
सुदूर काले पानियों में तिरते किसी द्वीप के
अर्द्ध खँडहर दुर्ग में
पाषाण कणों की बवंडरी रेत में

आकाश से समुद्र तक
पुण्य की पींग बनाती हुई
पुण्य के हर स्नान की
अनिवार्यता है मृत्यु
हर डुबकी में है
राम नाम सत्
मृत्यु घाटों को छोड़
परलोक की सीधी सीढ़ियों को अवहेल[1]
देवदारुओं की पगडंडियों
के साथ-साथ
बर्फ का दृष्टि पर्यन्त विस्तार
का नितान्त अकेलापन
ओढ़
जैसे सब वस्त्र, आवरण
उतार दिये हों
बर्फ के फाहों को गूँथ गूँथ

---

1. दशाश्वमेध घाट

बना मदन मन्दिर मदन ध्वज[1]
सहज स्थित है
राम नाम सत् है
जिस्म धाम नित है
रण छोड़ तुम जो भागे
समुद्र के गर्भ में[2]
सब सुरक्षित है
जिस्म धाम प्रमित है
राम नाम अमित है
जिस्म तो है वृन्दावन
मन की नगद को
कालान्तर समुद्र करते रहे रेत
तन को नगरी से भाग
कुल-आत्मघाती दौड़ में
वृन्दावन, द्वारका दोनों रिक्त हैं
राम नाम सत् है
जिस्म धाम अमित है
समुद्रों को पीने की अभिलाषा छोड़
गहराता नीलापन
सहज उमड़ता गीलापन
तुम तक
स्वयं तक पहुँचाता अपना-अपना

---

1. शिवलिंग और योनि; 2. द्वारका।

है तो है
जिस्म
अकर्मण्य-करनी से अलिप्त है
राम नाम सत् है
नील गिरि के नुकीले पत्तों की नोकों
ने समुद्र के लवण-कण चुन लिये हैं
हवा का घोष प्रमुदित है
जिस्म नाम नित है
शंकर बाबा
शंकर बाबा
फिर ऊँची हाँकेगा
मण्डन मिश्र-भार्या से फिर हारेगा
समुद्र को
जिस्म में
यों ही
रिसने दो
रेत को फेनिल होने दो[1]
हवा दो
राम नाम सत् है
जिस्म धाम नित है।

---

1. शृंगेरी।

जिस्म जातरा-नगर

वह शहर जो कभी नहीं सोता
हमारे दरम्यान आ गया है
इक बौखलायी गूँज बार-बार
हम से टकरा
चार रस्तों में हाँफती
सो जाती है
आदमी बू...आदम बू...
की तलाश में गन्धहीन
जिस्म शहर की आँखों से
सहमते हैं
सामने की विज्ञापन रोशनी से
तुम्हारी नाभि पर उभरती है
नीली छाया
हमारी आँखों के याद किये हुए
अक्स...नीली छाया
खुली न पहचानती आँखें

लिये
लिये शहर के सो जाने का इन्तजार
ताकि राजपथ, पड़ोस की सटती गूँजती
दीवार हमें अकेला छोड़े
मौन अँधेरा हम में धीरे-धीरे गुँथे,
मगर यह शहर कभी नहीं सोता
हमारे जिस्म के मौन अँधेरे में

आहट

आहट पर अब चौंकना नहीं है
हर ध्वनि शरीर के लिए अकुलाती है
कौन जाने
विज्ञापन की मौन रोशनी तले
गूँगी भीड़ की नीली चीख
लहर गहर सोई कोई सीत्कार
कब अर्थवती
हो जाय।
कैसे?
सफेद फूलों पर
ऐसे ही
काँप काँप जाती है आहट
उजले चेहरों से झाँकते हैं सेब
थप-थप करता डाकिया
बेमने थमा जाय पत्र
उमग आये जिया हुआ पल

टैरेस तक आयी बेल का फूल तोड़ने की कसक
आहट को आने दो
साक्षात्कार का क्षण है
एक घाटी की पुकार
इसी घाटी से चौंकती हैं प्रतिध्वनियाँ
विस्मों के स्रोत अजस्रे हैं
जैसे आदिम हिंसा का गहराता मौन
से
घाटियाँ लबरेज
प्रतिध्वनियाँ सोती हैं—मौन।

माँ

जिस्म की जिस
जोड़ती जन्मनाल को
किसी दाई ने
(माँ तुमने चुड़ैलों की कहानियाँ क्यों सुनायीं)
यों ही
किसी दराँती से काट
दिया था
गन्दे कपड़े में बाँध
म्युनिसिपैलिटी के किसी
गन्दे नाले में छोड़ दिया था
माँ कहीं एक फुट गहरे गाड़ दिया था
माँ
उसी जन्मनाल को
मैं अकारण
निरर्थक ढूँढ़ रहा हूँ
प्रारब्ध की परिधि में

निष्फलता कबूलता रहा
अनिवार्यता स्वीकारता रहा
और गन्दे नालों में हाथ डालता रहा
जमीन रेत कुरेदता रहा
अनिवार्य और स्वीकार्य
से परे
अतीत
माँ
तुम तो हो
अनिवार्यता को
स्वीकार्यता की दराँती से
काट
मैं
कब तक जिस्म के लोथड़ों को
इकट्ठा करता रहूँ
ताकि
मुजस्सम बनूँ
जब भी
कभी
कुरेद कुरेद
मिट्टी
(पंचभूत)
(चुड़ैल भूत)
कभी कोई

ठीकरा-हड्डी
सदियों की
या फासिल्स
पा जाता हूँ
नाचता हूँ
जैसे
तुम तक
क्षणिक
पहुँच जाता हूँ
हड्डी, ठीकरा
फासिल
घंटों, सदियाँ
मृत्यु पर्यन्त
जीने का सम्बल देते रहे
कितनी उमरों से मैंने तुम तक
पहुँचने के माध्यम ढूँढ़े
निरर्थक, अकारण
क्योंकि
मैं
तुम्हें
सेबों के बागान से
जब तुमने निष्कासित किया
माँ
तब से सजा

भुगत रहा हूँ

सजा-याफ्ता हूँ
मैंने प्यार के गिर्द
किले बन्दी की
मैंने चाहा कि
स्लेज से उतरते हुए
हवा से टकराते
तुम मुझे
बस
किसी और को न देखो
और मैं अपना भय
खिलनमर्ग से फिसलते हुए
तुम तक सीमित रखूँ
ठंडी हवा को माथे पर ओढ़ लूँ
सोनमर्ग तुम्हारा और मेरा
एक रहस्य हो
जो सरकते हिमखंड
की तरह
नितान्त
एकान्त।

यह भय
मेरा तुम्हारा

धमनियों को आँच देता
जन्मनाल को ढूँढ़ता रहा मैं
जिस्म नहीं
हड्डियाँ ठीकरे ढूँढ़ता रहा
जन्मनाल को
दराँती से काटती
दाई को ढूँढ़ता
जिसके लिए
जन्म चमत्कार नहीं
रोजमर्रा की सफाई-पोचा है
और मैं गले में
माँ
टाई बाँधना
नहीं भूलता

॥ 2 ॥

मेरी धमनियों में
बहती है
नदी
निष्कलुष
निष्पाप
और यूँ ही
बिस्तर भिगो देती है

माँ
तुम इसे बाथरूम में बन्द कर दो
बैठक के सोफों पर
खिड़की के पर्दे पर
पर्त बन अकड़ूँ बैठ जाती है
फिश टैंक में
सुनहरी गोल्ड फिश
'छो-छूवीट'
मुँह खोलती है
हवा को बुदबुदा बनाती
और
मेरे अन्दर
कहीं मानसरोवर में
काई की परत
गहरा जाती है
गोल्ड फिश तलफती है
माँ
धमनियों में नदी बहती है

हर बाँध
सिमरण की
गाँठ नहीं।

धम्मपद

नास्ति-वाद से कुछ हद तक 'आस्तिक' होना

धम्मपद-1

शाम और भीड़ में अन्तर्धान होने का समय
बिफरती रोशनियों में उभरती चन्द्रकला
गुलाम रसूल की जिज्ञासु आँखों के प्रत्युत्तर में
यथागत[1] ने उसके माथे पर एक ज्योत रोशनी
धर दी और गुलाम रसूल उस अन्धड़
ज्वर में खो गया—तन्ना-तन्ना[2]
तथागत ने कहा तन्ना-तन्ना
"प्यास जीने की निश्चित पहचान है
मृग अन्धड़ बगूला बन
बन गया मारीच
नींद की गोलियों में खो चुकी
वह कुमकुमी जिस्म वाली आज भी चौंका
यूँही झुरझुरी दे जाती है

---

1. तथागत का स्मरण करवाता शब्द।
2. प्यास।

यही झुरझुरी जीने के प्रति
आश्वस्त करती है
इस भ्रम का स्पन्दित सत्य है तन्ना-तन्ना
"पाप वैयत्मिक है
प्रायश्चित्त व्यक्ति पर ओढ़ाया
सामाजिक अभिशाप
'आनन्द' तू पाप और अभिशाप द्वय से मुक्त हो
इस सड़क पर बहते आनन्दोत्सव
के सागर में शयन कर
रंग वैविध्य की मत्स्यों पर
धरती कुमकुमी रोशनियों का रहस्य पहचान तन्ना-तन्ना

"पाप सुरक्षित घरौंदा है
वह देखो
उभर रहा है भीड़ का अन्धड़ ज्वार
सब घरौंदे बिखर जाएँगे
तन्ना-तन्ना

"गुलाम रसूल
जीवन स्वीकारो
और भीड़ बन जाओ
इतना कह यथागत
भीड़ हो गये।"

धम्मपद-2

दूर हटती आवाज अँधेरे के कॉरीडोर खोलती है
किसी ठोकर से गिरा गुलाम रसूल स्वयं को
सहलाता सिर उठाता है
अँधेरे की अभ्यस्त हुई आँखें यथागत के
अभय हस्त को पहचानती हैं
"जब जब भी तुम गिरोगे
हर चोट तुम्हें अपने आप तक
लौटा लाती है
सरकती आवाजों का मोह छोड़ आनन्द
बोलो
स्वयं शरणम् गच्छामि।"
खोखले सींग-सा
कॉरीडोर से टिका
ब्रह्मनाद गूँजता है
अहमम् शरणम् गच्छामि।

"आदत स्वयं का संस्थीकरण है
और अँधेरे रास्तों को टटोलने का
एकमात्र सुलझा तरीका
आदतों का जोड़ कहलाता है विकास
गुलाम रसूल, तुम्हारी आँखें
अँधेरे के षडज से मिली हैं
तुम अभ्यस्त हो
इसीलिए मुक्त हो।

गुलाम रसूल ने पुनः सर उठाया
यथागत नदारद थे
दूर हटती आवाज एक और कॉरीडोर
खोल गयी थी।

धम्मपद-3

मुँदी आँखों के सपनों की सम्भावनाएँ नकारता
लम्बी खुमारी से अचानक प्रबुद्ध
होने पर मुँह की किरकिराहट से
मुक्ति पाने के लिए गुलाम रसूल
बोलने को ही था कि
यथागत ने दाँतों में जीभ भींचते
और फिर खींचते हुए कहा "दुःख...यही ना"

"होश में आने पर जो रह जाता है
वही दुःख है
हर हिप्पी ने इसकी अनिवार्यता को
झुठला दिया है
'लोकातीत ध्यान' नये टूथपेस्ट की तरह
बदल सकता है मुँह का जायका
और दुःख दे जाता है चेहरे को
कुछ रोबदार लकीरें...

दुःख डराता है
दुःखी आदमी सब पर छा जाता है
इस तथागती बाने में, आनन्द कितना
आसान है बनना महान
कितना आसान है
जीने को दुःख में लीन कर देना
मगर
दर्शन तो है आदर्श, रेगिस्तान में भागता हुआ क्षितिज
दर्शन तो है समर्थन की तलाश, भुरभुराती दीवार को थामे हुए
और जीना है हर घड़ी पर चलाना कुदाल

गुलाम रसूल तुम जगे हो
इसीलिए ठगे गये हो।"
और उसकी आँखें कहीं अचल हो गयीं।

धम्मपद-4

गुलाम रसूल की बला से
पहाड़ों की चोटियों पर शिवालय धर दो
पहाड़ों की चोटियों पर गाड़ दो सलीब
फिर चालू हो जाता है अपने आप
भीड़ का सिलसिला
गुलाम रसूल की बला से।
पर उस दिन
अपने ही नाखूनों को छीलता
चढ़ता हुआ पगडंडी की लकीर
फिसल जाता है गुलाम रसूल फकीर
देवदारुओं की सूखी पत्तियों की
सुइयों पर—बड़बड़ाता
इच्छा ही शूल है
इच्छा ही भूल है

भीड़ से छूट जाता है।

शिवालय के आजू-बाजू से कहीं
उतर आता है
यथागत
आहत गुलाम रसूल करता है गिला
"तुम यही कहोगे ना
दुःख सब को डराता है
दुःखी आदमी सब पर छा जाता है"
गले से लटका
सीने के करीब
टटोलता हूँ सलीब
पर नाखून छीलते अँगूठा चूसते
स्वयं स्वयं तक रह जाता है
भीड़ में सब बह जाता है
यथागत
मैंने जीने का सिला कर लिया
भोलेनाथ ने कण्ठ नीला कर लिया
गुलाम रसूल नाखून छीलता
पहाड़ों की चोटियों पर गड़े सलीब की
और
लड़खड़ाता है
यथागत पर जा गिरता है
देवदारुओं के सूखे पत्तों को मुट्ठी में बाँध
कहते हैं यथागत
"बड़े भोले हो
भीड़ के रेले में अपने नाखून छीलते हो

एक टिकट पर दो मजे लेते हो
(इंटरवल से पहले पेढ़ी में बैठ करते हो
फाइलों का गोरख धन्धा
बाद में डालते हो कविता का फन्दा)
(गले से लटका है सलीब)
यह तुम्हारी दरार
कैसे पहुँचाएगी पार।"
जगह जगह बिखरी हैं देवदारुओं के
सूखे पत्तों की सुइयाँ
यथागत ने मुट्ठी खोल दी
रक्त की बूँद-बिन्दु सजे सूखे पत्ते हो गये
लू—हवा के छन्द।
नाहक दौड़ता है गुलाम रसूल
मुझे बिन्दु से बचना है
मुझे हज करना है।
"सम्यक् सम्यक् सम्यक्
न अधिक न कम
बीच का रास्ता है सर्वोत्तम
न तुम न हम
बीच का रास्ता है सर्वोत्तम
बीच के राजपथ के लिए
देवदारु झाड़ देंगे अपने पत्ते की सुइयों से
मिट्टी
इच्छा ही भूल है
फिर ना रहेंगी सूखे पत्तों की सुइयाँ

फिर तुम कभी न भीड़ से छिटक पाओगे
नाखून छीलने की बुरी आदत ना चला पाओगे
शिवालय को जाते
संशय नहीं रखते
गुलाम रसूल
होठों में अँगुली दबाना ही पर्याप्त है।"
संशय तो मोड़ है
भीड़ में मोड़ नहीं होता
नाराज गुलाम रसूल
उतरता है वापस
थामते हैं यथागत
ढह जाते हैं पहाड़
बीच के राजपथ के लिए
ढह जाते हैं पहाड़
जकड़ जाता है शिवालय
पाताली उलटी शिखाओं में
इच्छा ही शूल है
इच्छा ही मूल है
सम्यक् सम्यक् सम्यक्
छूटा पड़ा गुलाम रसूल
देखता है
यथागत भी
भीड़ में नदारद
गुलाम रसूल की बला से।

धम्मपद-5

सुबह की ओस से तरबतर जगा गुलाम रसूल
भयावह स्वप्न लूटता
खिंची गरदन चौंक उठा
सुबह की ओस से तरबतर

खूब जगे गुलाम रसूल
अब तो चौंकने से ही होती
है जिन्दगी वसूल
कुछ दिनों से तथागत का
मजाक बेमानी-सा हो गया है, फिर भी
पसीना पोंछ यूँ
यथागत पा
सब भय फानी हो गया है
ओस के कणों में तिरते
सब प्रतिबिम्ब हवा हो गये हैं।

कल जो जिसके थे
आज वो किसके हैं
सभी सम्बन्ध अपनी ही
दीवार पर
सर धुनते हैं
पसीना पोंछो गुलाम रसूल
मकड़ी के जालों की तरह सिर्फ
शिकार के लिए घर बुनते हैं।
गुलाम रसूल कुछ भी अचल नहीं
सघन नहीं
सभी कुछ
हरा-भरा
तरल
बहता हुआ
(तुम्हें पसीने में बदलता हुआ)
बूँद की तरह हवा में तिरता है
सारे आधार
सभी जड़ें फानी हैं
यथागत का कथन आज बेमानी है

"कुछ भी नहीं है थिर
फिर
निरन्तर सातत्य पर चौंकना कैसा गुलाम रसूल
कुछ भी तो नहीं है थिर

नियम, सम्बन्धों के विश्वास, यम मूल
सब है भूल
आधार, मूल्य, कुतरन कुतरन
इकट्ठी की गयी स्मृति, वारसा-गत धरोहर
पीढ़ी दर पीढ़ी दिये गये स्वप्न मनोहर
हवा हो गये सब"

धर्म
किसे बाँधे है
जिसे पता नहीं है—मर्म

यथागत, बड़े बूढ़े, यथागत
अब तो चौंकना ही जीवन के
प्रति करता है आश्वस्त

कुछ भी तो सघन नहीं—इसे स्वीकारो गुलाम रसूल
बूढ़े बरगद की दाढ़ी को जड़ें बोने दो
उसमें गुजरती हवा को संगीत होने दो
बस
सब कुछ तुम में से गुजर जाएगा
बरगद की झूलती जड़ों में से
यूँ ही
खिलवाड़ करता आंजनेय

किवाड़ खोलता है
होना ही है

कुछ भी तो सघन नहीं
तुम्हारा अपना तो कहीं लौटकर
प्रतिबिम्बित नहीं
जब से हो लिये हवा के साथ
अन्तरिक्ष के लिए माँगा जो यथागत का
हाथ
भूले हुए स्वप्न-सा
छू गया हवा का सूक्ष्मतर
कण
यथागत का इस तरह छलना अचानक
चौंका गया फिर
कुछ भी नहीं है थिर
चौंकना ही शायद
करता है यथागत के प्रति
आश्वस्त
खूब जगे गुलाम रसूल
अब तो चौंकने से ही होती है
जिन्दगी वसूल

धम्मपद-6

नहीं बाज आता है गुलाम रसूल
फिजूल
जब भी पाता है विकराल उत्तुंग लहर
फेनिल
कपड़े उतार
तैयार होने
होने लहर से पार
पर
हर बार
देता है समन्दर लौटा
तट की रेती की बौछार पर
गिरा
झाड़ जिस्म से रेत कणों के शूल
फिर बढ़ता है उठते समन्दर की ओर
गुलाम रसूल
फिजूल

बाज नहीं आता है गुलाम रसूल

इस बार यथागत सामने पा
झिझकता, झाड़ता जिस्म से रेत कणों के शूल
कहता है गुलाम रसूल
"जानता हूँ हर बार
लहर लौटा लाएगी जिस्म पर रेती की बौछार
अजब सम्मोहन

आसमान चूमती लहर का
मज्जा में चुभती रेती का
हथेली पे
पानी की तरह
रेत की तरह
सरक जाना जिन्दगी का है तो—अनिवार्य
फिर क्यों हो यह सम्मोहन अस्वीकार्य"

"गुलाम रसूल जानो
तर्क है फिजूल
पानी रेत जिस्म सभी है स्वीकार्य
बशर्ते
पानी को बाँधो नहीं हथेली में
झाड़ो नहीं रेत के शूल को
रेत की जिस्म में उगने दो

रेत के शूल भी उगते हैं
(अगले वर्षों में)
कैक्टस के कभी लाल कभी नीले फूल
इच्छा की नाभि से उत्पन्न होता है दुःख का फूल
अनन्त पानी पर लेटे-लेटे[1]
अचानक जागते हुए
नाभि की नाल पर लहराता है फूल
नयी जगी आँखों का सम्मोहन
लहरों पर तिर जाता दुःख
रेत पर गढ़ा
बाँहें फैलाये
एक ओर झुका गरदन को उमंग लिये
आधी खुशी आँखों वाला
मुजस्सम जादू
सलीब पर टँगाकर
दुःख का सम्मोहन है
सम्पूर्ण।

इच्छा की छैया पर लेटे-लेटे
कितने नीले फूल
उग आएँगे तुम्हारे
जिस्म पर गुलाम रसूल

---

1. विष्णु-ब्रह्मा।

रेत कणों की हर चुभन पर
इच्छा की छैया पर लेटे-लेटे-लेटे।
जाने कितने ही सपने
उग आएँगे तुम्हारे
जिस्म पर गुलाम रसूल
आँखें बनकर
अर्द्धनिमीलित कमलाकार
लम्बी कटावदार मत्स्याकार
कुणाल की तरह गहरी
खंजन पक्षी की तरह
भोले प्रश्न-सी हरिण की तरह
इच्छा ही शूल है
इच्छा ही छूल है
नाभि का नीलापन
आँखों का गीलापन।

सम्मोहन से जगा
गुलाम रसूल
हो जाता है किंकर्तव्यविमूढ़
विकराल लहरों की तरह बढ़ते हैं।
यथागत
रोकता है गुलाम रसूल
रेती की बौछार से
यथागत का जिस्म

बन गया था छलनी
पानी यथागत के जिस्म
के पार हो जाना है

आर-पार
धार-पार
धार के पार
यथागत को पाने
लहर की ओर बढ़ता है
गुलाम रसूल

हथेली की पकड़ में रहती है
फकत झाग
नहीं बाज आता है गुलाम रसूल

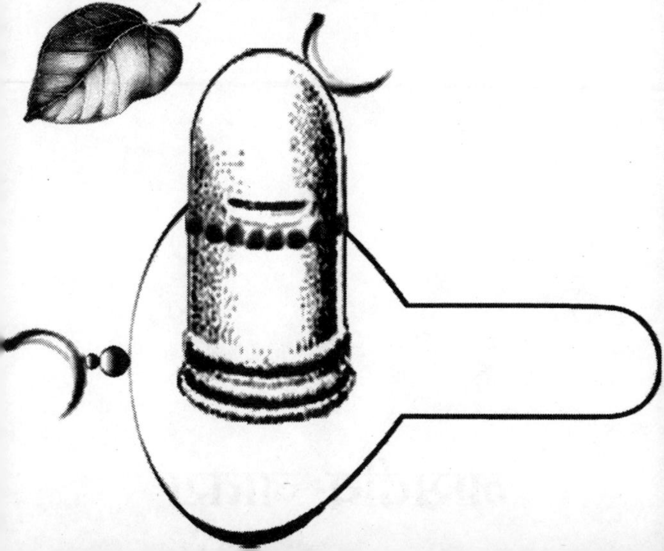

नासदीय-जातरा

शब्द है
अर्थ-व्यर्थ

ब्रज में आया अली

ब्रज में धूम मची है गली गली
महाबली के शहर में आया है अली
नुक्कड़ के मेलों की बलिहारी
धूम मची है
बड़ा करामाती है अली
पद्मासीन हो
नाग कन्याओं के शहर-रसातल से
लायी आग से
फूँकता है अपनी चिलम
चिलम की स्थिर लौ की तरह
बैठा है अली
धू धू करती होली—या अली, या अली।
और दूसरे ही क्षण
स्थिर स्थित बिन्दु
ऊपर नाचते हुए
अपने उठे हाथों से

करते हुए—कौल[1]
अपने चिमटे से
आकाश खींच
हमारे सीने में भर देता है बादल
और वादियों में—दूर
देवदार के पेड़ करते हैं वज़ू[2]
अल्लाहू
इधर
ब्रज में धूम मची है
होली है गली गली
महाबली के शहर में आया है अली।

नुक्कड़ नुक्कड़ है आग जली
महाबली के शहर में आया है अली
नुक्कड़ के मेलों की बलिहारी
अनिवार्य है किस्सों के लिए
अनिवार्य है कहानियों के लिए
होली का मरना
अली का जलना
किस्से हैं—अनगिनत उसके
नाग कन्याओं से दांडिया घूमता

---

1. समर्थन के प्रति प्रतिबद्धता की पुकार, तान्त्रिक गुरुओं की एक शाखा।
2. नमाज से पहले पानी से पवित्र करना।

त्रिशंकुओं को झंझोड़ता
किस्सों की सलीब में टँगा है अली
अटकलों के चक्रव्यूह में धरा है अली
कैसा मनमोहक मनमोहन
सोहन फ्रेम है
जो पश्चिमी द्वार पर भोग्य है
वास्तु शास्त्र के योग्य है
बेसाख्ता चिल्ला उठता है हजूम
टीवी स्पॉट्स की रोशनियों में
गुल-गुम अली
माँगे मोर अली अली शोर
बैठेगा हण्ड्रेड परसेंट फिट
फेयर एण्ड लवली
महाबली के शहर में आया है अली।

कब से हथेली पर जान धरे
आया है अली
ब्रज में धूम मची है
महाबली के शहर में
'फना' होगा अली
बाजार ऊँचा है
मकबरों[1] की भव्यता का

---

1. ताजमहल मकबरा है।

नुक्कड़ के मेलों की बलिहारी
हवा गर्म है अटकलों की
फना होने की कला की
बढ़ेगी अली की भव्य काल यात्रा
इक्कीस हाथियों पर
कितने ही राजमार्गों को रौंदते हुए
लुटेंगी सैकड़ों अशर्फियाँ
हथेली पर जान लिये
मरने वालों के लिए
और फिर नुचेंगे केश
एक एक कर मजबूरन
जब तक वृन्दावन
श्वेत वस्त्रधारी रुंडमुंड
कनुप्रियों से न भर जाय
गली-गली लाल गुलाल होली
महाबली के शहर में आया है अली।

शायद यह भी हो
अली—श्वेत लम्बे चोगे में आये
और सागवान के काष्ठ के भरकम
सलीब ढोये
बेखुदी के कदम चलते हुए
कैसा भव्य दृश्य होगा
स्पेशल इफेक्ट्स के लिए

सलीब के तीनों कोनों पर
धर दो जादुई सदा-जगे
पलक विहीन बड़ी-बड़ी आँखों वाले
बलभद्र, सुभद्रा, कृष्ण
खूब जमेगा जागरण
धूम मची है ब्रज में
अपलक आँखें चिर खुली
महाबली के शहर में आया है अली।

अपने को समेटे पद्मासीन है अली
परिक्रमा कर रही है आग
आग के त्रिकोण में—होलिका
महाबली का बोझ उठाए
अनिवार्य है
अली का जलना
होली का मरना
'फना' अनिवार्य है
आधा पुरुष आधा पशु
सहलाता है अपनी गोद में पहले
और फिर
सीने में, पेट में खोप देता है
रामपुरी चाकुओं से नाखून
सोने की अँतड़ियाँ निकाल
हरता है प्राण

भौचक हैं सभी स्तब्ध
अनुपम अनिर्वचनीय
भगवान स्वयं अवतरित हुआ है
आधा पुरुष, आधा पशु
नौटंकी की चरम सीमा है
शहादत!
....
....

और फिर एक ताली
तालियों की गड़गड़ाहट की बारिश
होली की धधकती है राख
भभूत रमाये
बेनाम कब्र की तलाश में
लौट जाता है अली
उस शहर में जहाँ किसी कब्र पर
किसी समाधि पर
चादर चढ़ायी न जाती हो
फूल सजाये न जाते हों
लौट जाता है बेनाम शहर की तरफ
अली
महाबली के शहर में आया था अली।

जाग मछन्दर गोरख आया

जाग मछन्दर गोरख आया।
कथा बाँचने कलन्दर आया।

मैंने समझाया था न तुम्हें गोरख
के सपने नींद नहीं होते
यह मुझे मेरे बिस्तर से उठा
फेंक देते हैं
त्रिशंकुओं के धरातल पर नाचती मेनकाओं में
हरे पायजामे पहनी बहिश्त की हूरों को
पन्नों के अनारदानों को
दाँतों में कड़कड़ाने के शोर में
मुझे याद आता है—तेरे
मसान में जलते
जिस्म में हड्डियों का तिड़कना।
सपनों का शोर
मुझे मेरे धरातल से

मेरी जमीन से गोरख
यूँ ही कहीं पतंग-सा फेंक देता है
अन्तरिक्ष की ओर
और मैं कितना चाहता था
कि अपनी जमीन की रेती की बात
अपने जूते में पड़े छेद
जुराबों में पड़े छेद
अँगुलियों में घुमाते हुए
अपने बच्चों के साथ खिसिया
खिलखिला
हँस पड़ूँ
गोरख तुम मुझसे आसमान की बात
रहने दो
मुझे यूँ ही ऐसे ही
धरती पर
रेती पर
मृगछल पर नहीं
ताड़पत्री पर रहने दो
सोने दो।
मैं यहाँ हूँ
यूँ ही हूँ
अभी हूँ
बस हूँ
तुम अपने कमण्डल के अर्घ्य से सूरज को

रिझाते रहो।
मुझे मेरी रिक्त आँखों में
तुम्हारे अन्तरिक्ष
तुम्हारे कमण्डल और मण्डल से बँधे भूत-प्रेत
पिशाचों
यक्षों, गन्धर्वों, किन्नरों
देव, ईश्वरों से परे
रहने दो।
उस दिन इन्हीं आँखों में
बिछी घास पर नन्हे हाथों ने
ओस की बूँदों को
निरर्थक
इकट्ठे करते देखा था
बीच बाजार अधेड़ माँ ने
स्कूल जाती बेटी की स्कर्ट की क्रीज
सँवारते देखा है
और देखा है
बिना वजह
अजनबियों को
अभिवादन करते
गोरख तुम परलोक की बातें करो
मैं तो यूँ ही पड़ा रहूँगा
अपने बीच
अपनों के बीच

हाँ तुम सोना चाहो तो
बगल में एक चटाई और बिछवा दूँगा
और फिर हम तुम
'मकार'[1] नहीं 'साकार' की बातें करेंगे
हाँ तुम्हारी भगवतियों से करी चुहल
की भी बातें करेंगे
और मानो
कैसे बहेगी गंगा
तुम्हारे हमारे बीच
तिस्ता बहती थी जब तुम
जब तुम गोरख नहीं थे ।
जाग मछन्दर गोरख आया
मूरख गोरख बूझ ना पाया
इन नैनन में नींद स्वयंभू
बन जाए हैं शून्य अल्लाहु
अल्लाहु अल्लाहु
क्रींग् क्रींग् क्रींग् हींग् हींग् हींग् हुंग् हुंग् हुंग् क्रींग् क्रींग् स्वाहा,
देवी माया
जाग मछन्दर आया
कथा बाँचे हैं कोई कलन्दर,
गोरख आया, जाग मछन्दर गोरख आया

---

1. तान्त्रिक क्रिया के पाँच मकार होते हैं।

जाग मछन्दर गोरख आया
कथा बाँचने कलन्दर[1] आया

गोरख तू जागने की बात करता है?
मैं तो उस आहट के खटके में सोया नहीं बरसों
जन्मान्तर सोया नहीं
अब तू आ गया है गोरख
उस आहट के खटके को तुम्हारे सिरहाने छुपा
मैं अब सोऊँगा बरसों, कालातीत
तबतक, जबतक मेरा जिस्म पिघलकर हवा ना हो जाय

मैं उस हवा से तुम्हारे लिए प्रार्थना करूँगा गोरख कि–
उन आहटों की आवाज़
उन स्पन्दन के साँपों का रीढ़ की हड्डी पर से सरकना[2]
रेंगना पानी की परछाइयों का
जिस्मों पर नाखूनों के दंश के उतरती ज़हर की आवाज़,
ये हवा मेरे साथ हो ले
और तुम निश्चिन्त, निरान्त, कल्पातीत सो सको,
पर मैं जानता हूँ कि
हर प्रार्थना उसे स्वीकार नहीं होती

जाग मछन्दर गोरख आया
कथा बाँचने कलन्दर आया

---

1. सूफी; 2. कुण्डलनी।

गोरख सुना है बहुत करामाती है तू
जतन से परछाइयों में छुपे जिस्मों को बाँध लेता है
तेरे सिरहाने छोड़ आया हूँ एक प्राण श्वास
फूँक मार नागों पर ग्लाइडिंग करता हूँ मैं
साँसों के सेंसेक्स के जन्तर बनाने वाले रोलर कोस्टर स्वामी
मैं सभी चंडिकाओं को तुम्हें सौंप दूँगा
बस एक मन्त्र पढ़ दो,
एक यन्त्र मेरे सरहाने धर दो कि मुझे नींद आ जाय
क्रींग् क्रींग् क्रींग् हींग् हींग् हींग् हुंग् हुंग् हुंग् क्रींग् क्रींग्[1]
गोरख तू काली है, भय भयभंजन
भय मृत्युदाता
माँ तू कितनी कल्याणकारी है।

बहुत आक्रामक हैं आँखें
अपनी कटारिया निकाले रहती हैं पलकों से
चुपचाप चुपचाप यूँही आत्मसात् करना नहीं है स्वीकार्य इन्हें
छीलती जाती हैं उसे
जिसे देखें
सभी हैं पलकों के बाहर
प्रश्नार्थ मुसल्सल सवाल
प्रश्नों की चुभन में सोना कहाँ
जहाँ जहान में सभी है सवाली
तुम्हारे जन्त्रों की कारागरी के

1. क्रींग्—काली का बीजमन्त्र; हींग्—दुर्गा का बीजमन्त्र।

सम्बन्धों की दुहाइयाँ देते
आशाओं में कतार बाँधे
कितने बुझे से
सोये खड़े हैं

तुम भी तो सवाली बन आये हो गोरख,
लिए डंडा, झंडा, तूती
लो मैं एक और सवाल
तुम्हारे सरहाने पड़ी झोली में डाल दूँ
अगर तुम्हारे गिर्द के साँपों, कंकालों,
श्मशान की राख भी भभूतियों ने थोड़ी जगह दे दी तो
जो सवाल तुम्हारा है
वही मैं तुम्हें लौटा
सोना चाहता हूँ
ये मोज़े उतार, ये टाई उतार एक अँगड़ाई में
तुम्हारा सारा सामान छिटक,
एकदम भी तुम्हारे मन्त्र सी कारगर
आप-मरे-जगप्रलय की जम्हाई ले सोना चाहता हूँ।

जा मछन्दर गोरख आया
कथा बाँचने कलन्दर आया

देरों हरम सदैव थे खँडहर
अन्दर के षड्यन्त्र गिन-गिन
आली रे, कुण्डल धारी गोरख आया
जटाओं के कुण्डल एक

फिर एक कर खोलने
कुण्डल धारी गोरख आया
व्रज में रास रची हैं
जागा हैं सिरहंद में अलख अलख
गोरख
मेरे अन्दर घिर गये हैं
तेरी धुनी के कुण्डल
कैसा है कनफटा,
कुण्डलधारी गोरख आया

जाग मछन्दर गोरख आया
कथा बाँचने कलन्दर आया

नहीं सुनता, नहीं जानता
जटाओं की अटकलों से
कहीं मुश्किल हैं अन्दर की अटकलें
जगी आँखें नहीं सुलझा सकती उन्हें
गोरख आँख मूँद लो
तो शायद कोई साँप अपनी पूँछ ग्रहण कर ले[1]
और मूल
सहस्र हो जाय
और दो मुँहे से तुम एक आकार हो जाओ
और मिल कोशिश कर सो जाय
तुम्हारी जटाओं के साँपों का सिरहाना बना

1. बोध का प्रतीक।

आओ गोरख सो जाय।
और मत जगाओ गोरख
मैंने सपने से तो कब की छुट्टी ले ली
सपने सुन्दर थे, मनमोहन थे, लरज़ते थे
करते थे अठखेलियाँ
साँपों पे सवार मैंने की थी कालिन्दियाँ पार
पिघलते जिस्मों की थकान में इनमें
दानवों की भूमि के पसीनों की बूँदों से सींचा हैं मैंने सपनों को
सपने तो नींद नहीं होते गोरख
सपनों की चिता की राख
मैंने कई बार मेरे हाथों से साफ़ की है
साफ़ ज़मीन मिट्टी की लिए
गोरख तुम्हारे गुग्गा[1]पीरों से
मुझे ये साफ़ मिट्टी मिली हैं
मुझे धरातल पर सोने दो
जहाँ कोई फूल नहीं
कोई आचमन नहीं
मुझे मत जगाओ इस भूर् भुवः स्वः
भोर से गोरख
भूर् भुवः स्वः मुझे सोने दो
जाग मछन्दर गोरख आया

मैं जानता हूँ गोरख
कि मेरी पलकों के बीच

---

1. प्रसिद्ध पीर—नागों से सम्बन्ध।

जागरण के बूटे हैं[1]
जानता हूँ आँखों का धन्धा है मन्दा
मेरी पलको दो पत्तियों को सजा दो
ग्रीटिंग कार्ड्स पर, सोवेनिअर पर
हल्के गुलाबी रिबनों से सजा दो
चल जाएगा धन्धा
तेरा गोरख धन्धा
चल जाएगा धन्धा, तेरा गोरख धन्धा
आज नहीं गाएँगे भोर
अजान अलःस्बह सूनी थी
सब्जी मण्डी में ताज़ी मछली की आँखें
के बढ़ते भावों में 'अज़ान' की घोष
गोरख
मैं मछन्दर
मीन नैन[2]
पलक़ विहीन
तुम मेरी पलकों को सँजोये बीन बीन
केशवः नीत मीन शरीरा[3]
केशव के मीन शरीर निर्मित
बैठक के कोने में टँगा,
पाता हूँ अन्धा
कैसा है ये गोरख धन्धा।

---

1. पलकों के गिरने से चाय की दो पत्तियाँ बनीं, जो जागरण का प्रतीक हैं।
2. मछन्दर मीन पुत्र हैं; 3. जयदेव।

सन्दर्भ-एषणा

"सन्दर्भ की तलाश में खो दिये
तेरे अधरों के पलाश"

झूठ

मैं लकीर के इस पार
कान बिंधवा हाथीदाँत की
फटे कानों में बालियाँ[1] डाल
तुम्हें अपलक निहारता रहा
सोने के मृग का लालच देता हुआ
मुझे पता था
इस लकीर में कोई आग नहीं थी
सिवा उस पार तेरी काया की आग के
न ही था इस कंचन मृग में कोई सोना
न ही था कोई कंचन मृग
न ही सच्चे थे मेरे
मुन्दराँवाले[2] कान
न ही सच्चा था कोई अलख

1-2. राँझा (हीर-राँझा) और नाथपन्थी कानों में बालियाँ (मुन्दराँ) डालते थे। उन्हें कान-फटे भी कहते हैं।

बैठी रही तू उस लकीर के उस पार
छुईमुई लाजवन्ती बन
कसमसाती
और इस पार मैं
तेरे जन्माक्षर की पोथियाँ
तिलक सजे
ज्योतिषियों से पढ़वाता रहा
अपनी झिझक ग्रहों की तीव्र दृष्टियों के सेन्सेक्स से मापता हुआ
यह सब उस वक्त भी झूठ था
और आज भी
अच्छा होता यदि
हम इस झूठ को जी लेते
और इकट्ठे एक ही चादर में भर लेते।

कोणार्क

तूने सूर्य को गति दी है
कौन रोकेगा सूर्य को अब
शार्दूलों के रौरवी पंजों नीचे
झुक गये दिशाओं के हाथी
निश्चय की सहजता से उठे पैरों से
बढ़ रहे सात घोड़े
चौबीस पहियों ने दी है गति को लय
जागी है संज्ञा
झुलसती है छाया।

तूने शक्ति को भाषा दी है
कौन न बूझेगा 'माया' को अब
सूर्य-बीज को उत्सुक योनियाँ
चित्रा की कोख में उग रहा उत्पल
कोढ़ी सम्ब को मिल जाता है मदन यौवन
सम्भोग ने दिया है सृजन को क्रम।

दूर लुम्बिनी गाँव में, शाल के नीचे
स्वप्न-शकुन बदल जाता है
हमानी हाथी नहीं, सिंह के
लिए खुलती है माया की कोख
पास-बुद्ध भग्नावशेषों पर रख रहा पुरन्दर
केसरी सूर्य के चक्र
नरसिंहवर्मन तेज के शिलान्यासों
पर धर रहा पराक्रमों के स्तम्भ

भोग मन्दिर
कलशों से चिलकते सूर्यों को, चित्रोत्पल
को पैरों पड़ा समुन्दर रहा है निखार
अब छाया लिये सरक गया है समुन्दर
मीलों दूर, टूटा है त्रिमण्डल
पर चल रहा है अब भी चौबीस चक्रों का रथ, क्योंकि
कौन रोकेगा सूर्य को अब।

कोहरा

कुहरे का क्षितिज बहुत पास सरक आया है
मेरा चेहरा खो गया है
कहीं भी अब आसमान जमीन को
नहीं छूता
हर तरफ हम अनाम हुए जा रहे हैं
कुहरे में दुबकी कहीं झील, बिखरती
टहनियों से दरख्त
दुम कटी बिल्ली
रेखा विहीन आकारों मध्य
कुहरिल गोलों के हजूम हम
कहीं कुहरे में लटक गये हैं
शायद चेहरे पर धरी
अँगुलियों से फिसलता है
कुहरा केवल कुहरा
कुहरा जो अर्घ्य माँगता है
ताकि झील दर्पण बने

कुहरा जो विस्मय माँगता है
ताकि दरख़्त जमीन पर झुकते
आसमान की सीमा बँधे
कुहरा जो माँगता है प्रश्न का उद्वेलन
ताकि रोशनी की लीक से बिंधे कुहरा
ऐसा हो प्रश्न का उद्वेलन
मगर एक यूँही से
खालीपन-सा लहराता है
कुहरा
हम सब को दोहराता है—कुहरा
गूँज कभी अर्थ नहीं होती
झील बिम्ब नहीं बनती
मेरे चेहरे के नक्श नहीं लौटते।

सन्दर्भहीन-1

घाट पर
तुम्हें पुकारने को
किसी गीत की टेक नहीं
मैं नहीं हूँ जो
लोक गीत का छैला
बम्बइया फिल्मी नायक।
हमारे सन्दर्भ
हमें भीड़ से अलग करते हैं
जुदा-जुदा
भीड़ के बिना कित्ते अकेले हैं हम
अपरिचय की ऊब में
स्वयं को दोहराते हैं
शरीर से परे
अपने-अपने
सन्दर्भों में और घिरा जाते हैं।

गीत की एक रसी पुकार
भूले हो गयी है मुद्दत
इसीलिए
जिस्मों के पुल को धमधम
सन्दर्भहीन ही रहने दो।

सन्दर्भहीन-2

आहट पर अब चौंकना नहीं है
हर ध्वनि शरीर के लिए अकुलाती है
कौन जाने
विज्ञापन की मौन रोशनी तले
गूँगी भीड़ की नीली चीख
लहर गहर सोई कोई सीत्कार
कब अर्थवती
हो जाय।
कैसे?
सफेद फूलों पर
ऐसे ही
काँप काँप जाती है आहट
उजले चेहरों से झाँकते हैं सेब
थप थप करता डाकिया
बेमने थमा जाय पत्र
उमड़ आये जिया हुआ क्षण

टैरेस तक आयी बेल का फूल तोड़ने की कसक
आहट को आने दो
साक्षात्कार क्षण है

एक घाटी की पुकार
इसी घाटी से चौंकती हैं प्रतिध्वनियाँ
जिस्मों के स्रोत अजस्रते हैं
जैसे आदिम हिंसा का गहराता मौन
से
घाटियाँ लबरेज
प्रतिध्वनियाँ सोती हैं—मौन।

समुद्र कविताएँ

1

हर लहर टूट उतर जाती है
बालू पर खड़े रहे हम मौन
गूँज रहे केवल उठती लहरों के शंख
हर लहर उतर खो जाती है
मेरे कोई प्रश्न शेष नहीं रहे।

2

समुद्र से पूछें तो माने
पास
फेंक देगा कदमों पर लहर
उसे लौटा कर दूसरी तीसरी
...और अनगिनी
लहर पार बताने
चला है सारा आकाश उतार लाने
समुद्र से पूछो तो जाने॥

3

दूर बढ़ आ रही
लहर श्वेत-नखी अधीर
पर तट पास आ
फिसले शान्त समलय धीर
तट सब को बाँधता है।

बीथोवन-1

शफ्फाफ आईनों में
संगीत के स्वर
दूर बहुत दूर हुए जाते हैं
मेरी हथेली
नदी का बाँध नहीं बनती
फिर भी गीले हाथों को
अदृश्य कागजों पर
अंकित करने का मोह
जाता नहीं
हाथ की लकीरें महज
चित्र लिखा आईना हैं
हाथ की लकीरों का
सुर लिपि
बन बह जाना
ऐसा तो हुआ नहीं।

बीथोवन-2

सब कुछ कह चुकने के रीतेपन से
कहीं बेहतर है
कुछ न कह पाने का अकेलापन
स्मृति तो केवल
आवरण भर है
पुरातत्त्वों पर चाँदनी की चादर बिछाना
भरे घावों के छूटे निशान को
अनजाने सहलाना
हर मुखौटा
कितना भी विशिष्ट क्यों न हो
अकेला कर जाता है
पर कोई स्मृति नंगेपन को ढँक
नहीं सकती।

बिस्मिल

गन्ध का स्पर्श
संगीत का तिर गया स्वर है
जो हमारी
पकड़ को हमेशा छल जाता है
पर कहीं
हमें बहुत आत्मीय कर जाता है।

साक्षात्कार मनाली-सलंगनाला[1]

1
दूर
व्यास बन गयी
दयार[2] के पत्तों में बहती
हवा
यहाँ
बर्फ बन गयी किलकारी।
2
कौव्वा तो उड़ गया
ऐसे ही साँय साँय
नदी बन गयी समीर।
3
सफेद भेड़ों से मर गया
ऊपर पर्वत नीला

---

1. मनाली के पास का छोटा-सा क्षेत्र, व्यास नदी के किनारे।
2. देवदारु वृक्ष।

धुन्ध बन नीचे उतर आयी
नदी।

4

उद्वेलित है
व्यास की आवाज से देवदारु
मौन-सी मौन है बिछी हुई घास
(सलंगनाला)।

5

डूबते सूरज को यूँही
'इन्द्रासन' ने उतार लिया है
वह लौट आया है।

6

देवदारुओं में बहती है
व्यास
साँय साँय
जिस्मों की साँस ढली नदी।

7

बर्फ को छू दिया
रोहतांग[1]
चइमों ने सलैजिंग की।

8

देवी मन्दिर की
घंटियाँ बजीं

---

1. मनाली के ऊपर का दर्रा।

देवदारुओं के पत्तों ने
हवा की बुन दी
नीली चादर।

9

देवदारु की डाल से
कूदा कौवा
बर्फ ने धूप के फाटक खोल दिये हैं।

10

गहराती नदी
चकमक चट्टान पर
बैठी नीली चिड़िया चुप
पानी का शोर उजागर है।

11

पहाड़ों ने घूँघट खोल दिये हैं
पर्त दर पत्ते चाँदनी का अम्बार है
बर्फ।

12

व्यास हवा को मथ रही है
बूँद-बूँद पसीज रहा है
बर्फ का आकाश।

13

व्यास को पत्थर को
दूधिया बनाने दो
आकाश सरकेगा।

❑❑